essentials

Springer Essentials sind innovative Bücher, die das Wissen von Springer DE in kompaktester Form anhand kleiner, komprimierter Wissensbausteine zur Darstellung bringen. Damit sind sie besonders für die Nutzung auf modernen Tablet-PCs und eBook-Readern geeignet. In der Reihe erscheinen sowohl Originalarbeiten wie auch aktualisierte und hinsichtlich der Textmenge genauestens konzentrierte Bearbeitungen von Texten, die in maßgeblichen, allerdings auch wesentlich umfangreicheren Werken des Springer Verlags an anderer Stelle erscheinen. Die Leser bekommen „self-contained knowledge" in destillierter Form: Die Essenz dessen, worauf es als „State-of-the-Art" in der Praxis und/oder aktueller Fachdiskussion ankommt.

Karin von Schumann

Coaching im Aufwind

Professionelles Business-Coaching: Inhalte, Prozesse, Ergebnisse und Trends

Karin von Schumann
von Schumann Coaching & Consulting
München
Deutschland

ISSN 2197-6708 ISSN 2197-6716 (electronic)
ISBN 978-3-658-04489-3 ISBN 978-3-658-04490-9 (eBook)
DOI 10.1007/978-3-658-04490-9

Die Deutsche Nationalbibliothek verzeichnet diese Publikation in der Deutschen Nationalbibliografie; detaillierte bibliografische Daten sind im Internet über http://dnb.d-nb.de abrufbar.

Springer VS

Gedruckt auf säurefreiem und chlorfrei gebleichtem Papier

Springer VS ist eine Marke von Springer DE. Springer DE ist Teil der Fachverlagsgruppe Springer Science+Business Media
www.springer-vs.de

Vorwort

Coaching ist und bleibt ein spannendes und zukunftsträchtiges Thema! Daher freue ich mich besonders, eine aktuelle Standortbestimmung „Coaching“ vornehmen und diese in der neuen und innovativen Reihe *Springer Essentials* publizieren zu dürfen. Mein Dank gilt Prof. Miriam Landes und Prof. Eberhard Steiner, den Herausgebern des Handbuchs „Psychologie in der Wirtschaft“ (Springer Fachmedien, Wiesbaden, 2013). Sie habe mich dazu motiviert, meine Wissen und meine Erfahrung im Coaching für einen Beitrag zu ihrem Handbuch zu Papier zu bringen und haben somit einen maßgeblichen Beitrag dazu geleistet, dass dieses E-Book erscheinen kann.

München, den 1.11.2013 Dr. Karin von Schumann

Inhaltsverzeichnis

Abbildungsverzeichnis

1 Einleitung: Coaching im Aufwind

Coaching ist in aller Munde und hat seit der Jahrtausendwende sowohl quantitativ also auch qualitativ eine unvergleichbare Entwicklung genommen. Häufig ist die Rede von Coaching als wachstumsstärkstes Personalentwicklungsinstrument oder – etwas salopper ausgedrückt – vom „Coaching-Boom". Über die letzten fünf Jahre verzeichnete der Markt ein durchschnittliches Wachstum von über zehn Prozent per annum (Stephan und Gross 2013). Neben der quantitativen ist zudem eine qualitative Entwicklung des Coachings zu verzeichnen. Zunehmend etabliert sich eine positive Coachingkultur in Unternehmen: Coaching wird nicht mehr als Maßnahme für „Problemkandidaten" gesehen, sondern in erster Linie den Leistungs- und Potentialträgern nach dem Motto „Coaching für die Besten" (Schwittala, von Schumann und Thiel, 2010, S. 40) zur Verfügung gestellt.

Warum ist Coaching heute so gefragt? Durch Globalisierung, permanenten organisatorischen Wandel und neue Kommunikationstechnologien sind die Anforderungen an Führungskräfte, was Verdichtung, Dynamik und Komplexität der Aufgaben betrifft, enorm gestiegen. Insbesondere im ständig stattfindenden Change Management ist die personennahe Begleitung durch Coaching als notwendig erkannt worden (vgl. Loos 2011a). darüber hinaus führen hohe Anforderungen zunehmend zur Überforderung der Führungskräfte – Burnout ist nicht nur in den Medien, sondern auch in den Unternehmen ein brisantes Thema. Zur Prävention und Protektion arbeitsbedingter Stresssymptome in der Führungsriege ist Coaching ein zentrales Instrument (vgl. von Schumann 2011b). Auch der Fach- und Führungskräftemangel und die damit zusammenhängende Gewinnung und Bindung von Talenten spielen eine wichtige Rolle. Persönliche Entwicklungsmöglichkeiten und –angebote sind ein nicht zu unterschätzender Wettbewerbsfaktor. Vor allem bei jüngeren Führungskräften im Mittelmanagement wird Coaching zunehmend nicht nur gerne angenommen, sondern auch aktiv erfragt.

K. von Schumann, *Coaching im Aufwind*, essentials,
DOI 10.1007/978-3-658-04490-9_1, © Springer Fachmedien Wiesbaden 2014

2 Was genau ist eigentlich Coaching: Eine Begriffsbestimmung

2.1 Ursprung und Entwicklung

Coaching hat Tradition. So gab es im angloamerikanischen Raum bereits im 19. Jahrhundert private Tutoren an Universitäten, die umgangssprachlich unter Studenten als „Coaches" bezeichnet wurden. Zunehmende Bekanntheit erlangte das Coaching später durch seine Bedeutung im Leistungssport. Hier kommt dem Coach die Aufgabe zu, Leistungssportler im Rahmen eines Wettkampfes zu beraten, zu betreuen und zu motivieren (vgl. Rauen 1999).

In den 1970er Jahren gelangte Coaching in den USA in den Bereich der Management- und Personalentwicklung und zwar im Sinne eines entwicklungsorientierten Führungsstils durch den Vorgesetzten. Der Vorgesetzte fungiert in dieser im angloamerikanischen Raum immer noch verbreiteten Praxis als Coach gegenüber seinen Mitarbeitern, indem er diese zielgerichtet und entwicklungsorientiert führt. In Deutschland wurde das Coaching durch den Vorgesetzten von Beginn an kritisch betrachtet: zum einen, da des aufgrund kultureller Unterschiede nicht auf unseren Führungsalltag übertragbar sei, zum anderen, da die Freiwilligkeit – eine bei uns für viele Coaches und Personalexperten unabdingbare Voraussetzung professioneller Coachingprozesse – nicht gewährleistet ist (vgl. Rauen 2004). So entwickelte sich Coaching im deutschsprachigen Raum zu einer psychologisch orientierten Einzelberatung für Führungskräfte des Top-Managements, die zunächst überwiegend durch sogenannte externe Coaches durchgeführt wurde (vgl. Kap. 4.2) Heute arbeiten einige Unternehmen auch mit internen Coaches – meist Mitarbeiter aus dem Personalbereich mit entsprechender Ausbildung. Auch hat sich die Zielgruppe auf das untere, mittlere und inzwischen auch Nachwuchs-Management ausgeweitet.

K. von Schumann, *Coaching im Aufwind*, essentials,
DOI 10.1007/978-3-658-04490-9_2,

2.2 Definition

Eine weithin akzeptierte Definition von Einzelcoaching liefern Loos und Rauen (2004, S. 117):

> Coaching ist die in Form einer Beratungsbeziehung realisierte individuelle Einzelberatung, Begleitung und Unterstützung von Personen mit Führungs- bzw. Managementfunktionen. Formales Ziel ist es, bei der Bewältigung der Aufgaben der beruflichen Rolle zu helfen.

In eine ähnliche Richtung weist das Coachingverständnis von Maren Fischer-Epe (2003, S. 21), das aufgrund seiner konkreten, auch inhaltlichen Aussagen sowie der Differenzierung der Perspektiven Person – Rolle besonders anschaulich ist:

> Unter Coaching verstehe ich eine Kombination aus individueller Beratung, persönlichem Feedback und praxisorientiertem Training. Im Coaching werden Fragestellungen behandelt, die die berufliche Aufgabe und Rolle sowie die Persönlichkeit des Klienten betreffen. [...] Es geht immer gleichzeitig um zwei Perspektiven: Person und Rolle. Der Coach versucht, mit dem Klienten Lösungen zu finden, die den Rollenanforderungen gerecht werden und gleichzeitig zur Person passen.

Ein Charakteristikum professionellen Coachings, über das in Fachkreisen ein breiter Konsens besteht, ist die Hilfe zur Selbsthilfe. Coach und Coachee begegnen sich auf Augenhöhe und im Rahmen einer gleichwertigen Beziehung. Der Coach ist Prozessbegleiter mit entsprechender Methodenkompetenz. Die Fachkompetenz wie auch die Selbstverantwortung für die Umsetzung im Coaching erarbeiteter Inhalte liegen bei der gecoachten Führungskraft. Vielfach wird auch die Freiwilligkeit als zentrales Kriterium für das Gelingen des Coachingprozesses gesehen. Dies ist jedoch weder empirisch belegt (vgl. Kap. 4.2) noch in der gängigen Unternehmenspraxis realistisch. Oft wird der Coachingbedarf in Potentialanalysen erhoben; nachfolgende Trainings- und/oder Coachingmaßnahmen sind Bestandteil des Entwicklungsplans. Mit der Voraussetzung einer entsprechenden Offenheit und Veränderungsbereitschaft des Coachees können diese Coachings sehr erfolgreich durchgeführt werden.

2.3 Abgrenzung von verwandten Konzepten

Deutlich länger als Coachings sind Trainings: sie sind etablierte Instrumente der Personalentwicklung, die bei Großunternehmen und Konzernen in der Regel einen eigenen Bereich bestimmen. Des Weiteren gibt es das Mentoring: es hat in etwa parallel zum Coaching in den Unternehmen Einzug gehalten. Mit der zunehmenden Verbreitung von Coaching werden neben dem „klassischen" Einzelcoaching auch Gruppencoachings angeboten.

2.3.1 Abgrenzung von Einzel- und Gruppencoaching

Das Einzelcoaching ist die häufigste Form des Coachings, da beim Coaching per Definition in der Regel individuelle Themen bearbeitet werden. Beim Gruppencoaching arbeitet der Coach mit mehreren Personen – nämlich der „Coachinggruppe". Die häufigsten Coachees dürften hierbei Projektteams in Unternehmen sein. Das Gruppencoaching ist nach Meinung einiger Experten jedoch eher eine Trainingsmaßnahme als ein Coaching (vgl. Stephan et al. 2010). In jedem Fall ist die Verwechslungsgefahr mit anderen Verfahren stets gegeben und aus der Unklarheit einer solchen Situation heraus kann im ungünstigsten Falle ein „Einzel-Coaching unter Zeugen" (Loos 1991, S. 157) resultieren.

2.3.2 Abgrenzung von Coaching zu Mentoring

Das Konzept des Mentorings bezeichnet eine Form der Beziehung zwischen einer erfahrenen Führungskraft (Mentor) und einem Lernenden (Mentee). Der Mentor unterstützt den Mentee bei seiner Entwicklung im Unternehmen, in der Führungsrolle und auch in besonders herausfordernden Führungssituationen (z. B. bei einer Entsendung ins Ausland). Mentorenprogramme sind in vielen Unternehmen ein etabliertes Instrument der Personalentwicklung, wobei diese Programme sich im Hinblick auf Strukturiertheit, Auswahl und Qualifikation der Mentoren stark unterscheiden. Ein vergleichsweise neues Konzept ist das „Crossmentoring", bei dem der Mentor und der Mentee ganz bewusst nicht derselben Organisation angehören. Methodisch gesehen liegen die Hauptunterschiede zum Coaching zum einen darin, dass der Mentor keine neutrale Position gegenüber dem Mentee einnimmt, sondern sich als dessen „Pate" oder „Förderer" versteht. Zum anderen handelt es sich nicht wie beim Coaching um einen zielgerichteten, zeitlich klar begrenzten Prozess (vgl. Kap. 3) sondern um eine längerfristige Entwicklungs- und Fördermaßnahme, die in der Regel auch keine psychologischen Beratungselemente beinhaltet (vgl. Wahren 2002).

2.3.3 Abgrenzung von Coaching zu Training

Im Gegensatz zum Coaching sind Trainingsmaßnahmen überwiegend gruppenbasiert und sollen standardisierte Trainingsinhalten vermitteln. Die Inhalte von Trainings sind ausgesprochen vielfältig. Üblicherweise unterscheidet man zwischen Fachtrainings (Sprachtraining, IT-Training, etc.) und verhaltensorientierten Trainings (Stressbewältigungstraining, Führungstraining, etc.). Verhaltensorientierte Trainingsmaßnahmen betreffen die Zielgruppe der Führungskräfte, orientieren sich meist an individuellen Bedürfnisse und Praxisfragen der Teilnehmenden (z. B. im Rahmen sogenannter Fallbearbeitungen im Training) und weisen inzwischen auch einen gewissen Prozesscharakter auf (Vorbefragung, Follow- up). Insofern ist die Grenze zum sogenannten Gruppencoaching sicherlich fließend.

Coachingprozess und systemischer Coachingansatz

3

3.1 Coachingprozess

Coaching zeichnet sich durch ein individuelles, auf die Bedürfnisse des Klienten zugeschnittenes Vorgehen aus. Insofern gibt es das typische Coaching nicht. Allerdings lassen sich beim Coaching als Instrument der Personalentwicklung durchaus typische Phasen unterscheiden, welche in Abb. 3.1 dargestellt werden.

3.1.1 Bedarfsermittlung und Coachauswahl

Der Coachingbedarf wird häufig mit Hilfe von Instrumenten – wie die Vorgesetztenbeurteilung oder die Potentialanalyse – erhoben oder in einem Beratungsgespräch durch den Personaler selbst ermittelt. Auch der Vorgesetzte ist von Bedeutung, wenn in Unternehmen Coachingprozesse in Gang kommen (vgl. von Schumann und Steiniger 2005). Ist der Coachingbedarf erkannt bzw. ermittelt, besteht der nächste Prozessschritt in der Auswahl des „best fit" Coaches. Hier verlässt sich die überwiegende Anzahl der internen Personalexperten auf ihr „Fingerspitzengefühl", sprich auf die Intuition, die Ausdruck und Ergebnis von Fach- und Sachkompetenz, jahrelanger Erfahrung und in vielen Fällen auch eigener Coachingkompetenz ist (vgl. von Schumann und Steiniger 2005).

3.1.2 Auftragsklärung und Vertragsgestaltung

Typischerweise ist ein Coaching im Unternehmenskontext durch einen sogenannten Dreiecksvertrag gekennzeichnet. Das Konzept des „Dreiecksvertrags" beschreibt die Beziehungen zwischen drei Parteien: dem Auftraggeber, dem Klienten und dem Coach. Der Coach trifft seine Absprachen nicht nur mit dem Klienten

K. von Schumann, *Coaching im Aufwind*, essentials,
DOI 10.1007/978-3-658-04490-9_3, © Springer Fachmedien Wiesbaden 2014

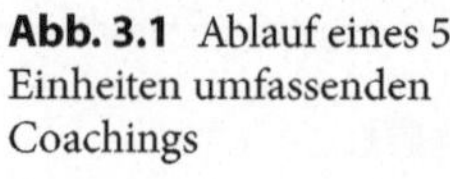
Abb. 3.1 Ablauf eines 5 Einheiten umfassenden Coachings

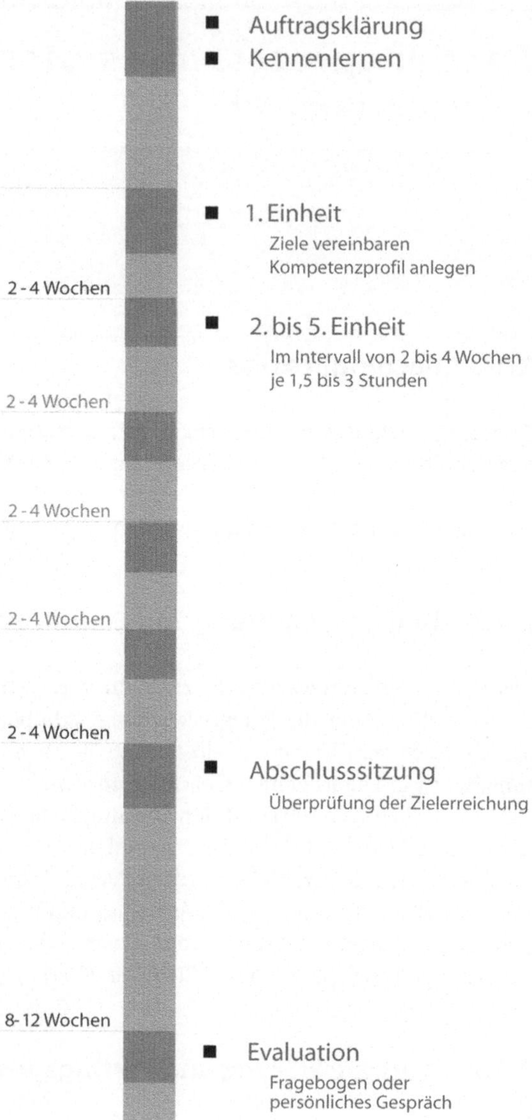

direkt, sondern mit der Personalentwicklungsabteilung oder einer Führungskraft, die Entwicklungsbedarf bei einem Mitarbeiter sieht. In neuerer Zeit kommt in Konzernstrukturen bei der Vertragsgestaltung vielfach noch eine vierte Partei vor: die Einkaufsabteilung, mit deren Vertretern der externe Coach unter anderem Honorare und Zahlungsziele zu verhandeln hat.

3.1.3 Kennenlerngespräch

Das Erstgespräch ist in der Regel kostenfrei und unverbindlich. Die Bezeichnung „first free chemistry session" aus dem angelsächsischen Sprachraum bringt die Sache gut auf den Punkt: Es geht in erster Linie darum, dass Coach und Coachee sich „beschnuppern", der Coachee das Gefühl entwickelt, mit dem Coach persönliche Themen besprechen zu wollen und der Coach die Überzeugung erlangt, mit diesem Klienten eine tragfähige Arbeitsbeziehung aufbauen zu können.

3.1.4 Klärung der Ausgangssituation und Zielvereinbarung

Die Klärung der Ausgangssituation beinhaltet die Exploration der beruflichen und persönlichen Situation des Klienten. Weiterhin gilt es, in dieser Phase die individuellen Stärken und Entwicklungsfelder des Coachees herauszuarbeiten. Der klare und frühe Fokus auf Ressourcen im Umfeld und individuelle Stärken des Klienten ist charakteristisch für den systemischen, lösungsorientierten Ansatz im Coaching (vgl. Kap. 3.2). Eine schriftliche Zielvereinbarung, in der die Ziele auf der Verhaltensebene konkretisiert werden und an die sich sowohl Coach als auch Coachee gebunden fühlen, ist Bestandteil professioneller Coachingprozesse und wird in der Regel auch von den internen Prozessverantwortlichen erwartet. Ein entsprechendes Formblatt für die Zielvereinbarung im Coaching findet sich unter Abb. 3.2.

3.1.5 Coachingsitzungen

Das Coaching findet in der Regel über mehrere Sitzungen hinweg statt, wobei die Abläufe sehr unterschiedlich gehandhabt werden können. Meist wird eine bestimmte Anzahl an Sitzungen festgelegt. Üblich sind 10 Termine mit einer Dauer von etwa zwei Stunden in einer 14tägigen Frequenz (vgl. Rauen, 2004). Längere (halb- oder ganztägige) Sitzungen mit entsprechend geringerer Frequenz bieten sich vor allem beim Top-Executive Coaching an. Für Top-Manager ist es oft einfa-

Coach

Klient

Ziele	Erfolgs-, Mess-, Prüfkriterien	Einschätzung des Ist-Standes	Zielerreichung Coaching-Ende
▪	▪ ▪		
▪	▪ ▪		
▪	▪ ▪		

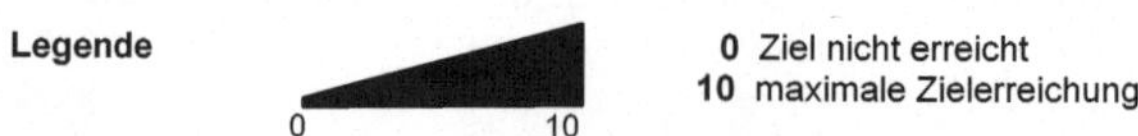

Abb. 3.2 Zielvereinbarungsformular im Coaching

cher, sich für wenige, längere Termine „auszuklinken". Auch bezüglich des Ortes ist eine enorme Vielfalt zu verzeichnen: von Coaching während Spaziergängen, über Coaching im Büro des Coaches und Coaching in Hotels bis hin zu Coaching am Flughafen. Einzig sollte und muss ein störungsfreies Arbeiten gewährleistet sein. Aus diesem Grund und durch den fehlenden Abstand zum beruflichen Umfeld des

Coachees, welcher meist als angenehm und prozessförderlich erlebt wird, ist ein Coaching am Arbeitsplatz des Klienten eher nicht empfehlenswert.

3.1.6 Abschlusssitzung und Evaluation

Eine Evaluation durch Bestimmung des Zielereichungsgrades unmittelbar nach Abschluss des Coachings ist eine Minimalanforderung der Erfolgsmessung und Qualitätskontrolle. Wünschenswert wäre auch die Transferkontrolle bzw. das Feedback mit zeitlichem Abstand zum abgeschlossen Coachingsprozess, doch stellt dies derzeit die Ausnahme in der Unternehmenspraxis dar. Allerdings definieren immer mehr Unternehmen einen standardisierten Coachingprozess, um die Transparenz im Coaching zu erhöhen und Qualitätskontrolle zu ermöglichen. Von Schumann und Steininger (2005) haben die Ergebnisse ihrer Benchmarkstudie zum Coachingprozess in Form einer Checkliste (siehe Abb. 3.3) zusammengestellt.

3.2 Der systemische Coachingansatz

In der Unternehmenspraxis ist der systemische Ansatz seit den 1990er Jahren weit verbreitet. Systemische Coaches werden häufig bevorzugt eingesetzt, da sie das organisatorische System eines Unternehmens ganzheitlich erfassen (Böhning und Fritschle 2005). Aufgrund seiner Verbreitung und Bedeutung im Unternehmenskontext wurde dieser Ansatz für die Darstellung der inhaltlichen Coachingaspekte ausgewählt.

3.2.1 Charakterisierung des systemischen Ansatzes

Wie der Coachingbegriff selbst wird auch das „systemische Coaching" zunehmend inflationär benutzt. Der systemische Ansatz lässt sich jedoch anhand einiger Charakteristika durchaus greifbar machen. Systemisches Coaching richtet sich nicht auf inhaltliche Probleme, sondern auf das soziale System, in dem der Coachee sich bewegt. Das Verhalten und Erleben des Klienten wird also in Abhängigkeit seines jeweiligen Kontextes gesehen und der Blick des Coaches ist nicht auf Ursachen, sondern auf Wirkungen und Wechselwirkungen gerichtet (Schmid und Weidner 2009). Wichtig ist hierbei die Annahme, dass ein Problem durchaus stabilisierende Auswirkungen haben kann. Charakteristisch für das systemische Coaching sind eine konsequente Ziel- und Lösungs- sowie eine klare Ressourcenorientierung. Ein

	Ja	Nein
▪ 1_ Personalentwicklungsinstrumente wie Vorgesetztenbeurteilung, Potentialanalyse etc. sind im Unternehmen etabliert. Coachingbedarfe werden aus diesen Instrumenten abgeleitet.	☐	☐
▪ 2_ Der/die für die Betreuung von Coachings zuständige(n) Personalverantwortliche(n) verfügen über Beratungskompetenz im Hinblick auf das Erkennen von Coachingbedarf.	☐	☐
▪ 3_ Vorgesetze werden ins Boot geholt: Ihre Zustimmung zum Coaching wird vorab eingeholt, ggf. werden sie auch intensiver in den Prozess eingebunden.	☐	☐
▪ 4_ Das Briefing des Coaches vor dem Erstkontakt mit dem Coachee beinhaltet neben Coachinganlass und –zielen auch Informationen zum Umfeld, zur Historie und zu den Hintergründen des Anliegens.	☐	☐
▪ 5_ Rollenerwartungen an den Coach bzw. realistische Erwartungen an das Coaching sind sowohl mit dem Coachees als auch den Vorgesetzen abgeklärt.	☐	☐
▪ 6_ Die Ziele des Coachings werden zu Beginn schriftlich fixiert. Sie sind in Form von konkreten Erfolgskriterien operationalisiert	☐	☐
▪ 7_ Im Coachingkontrakt sind Diskretionsregeln vereinbart, die nicht nur den Coach betreffen, sondern auch den Prozessverantwortlichen in die Pflicht nehmen.	☐	☐
▪ 8_ Im Coachingkontrakt wird ein Zwischenfeedback an den Prozessverantwortlichen festgeschrieben.	☐	☐
▪ 9_ Die Form des Feedbacks am Coachingende bereits im Kontrakt festgelegt.	☐	☐
▪ 10_ Der/die Prozessverantwortliche holt am Ende des Prozesses Feedback vom Coachee ein. Im Anschluss gibt er/sie dem Coach ein Feedback.	☐	☐
▪ 11_ Coachingprozesse werden evaluiert, Veränderungen im Arbeitsumfeld bzw. Unternehmenskontext abgefragt.	☐	☐
▪ 12_ Die Evaluation findet ca. 3 bis 6 Monate nach Coachingende statt, so dass Veränderungen (voll) wirksam und im Umfeld wahrnehmbar werden konnten.	☐	☐

Abb. 3.3 Checkliste Coachingprozess

Zielfragen
„Was müssen Sie tun, um Ihrem Ziel einen Schritt näher zu kommen?" „Was könnten Sie dazu beitragen?"

Zukunftsfragen **(im Sinne der „self-fulfilling prophecy")**
„Was glauben Sie, wird in 6 Monaten anders sein, wenn Sie dieses Coaching erfolgreich abgeschlossen haben?"

Hypothetische Fragen (**eröffnen neue Handlungsmöglichkeiten, Ideen)**
„Angenommen, Sie hätten die Möglichkeiten, ihren Verantwortungsbereich völlig umzustrukturieren, was wäre Ihnen besonders wichtig?"

Frage nach Ausnahmen (**Momente finden, in denen das Problem nicht auftaucht)**
„Gibt es Zeiten, wo xy nicht auftritt?"

Bewältigungsfragen (**Ressourcen und Fähigkeiten in den Vordergrund heben/ implizites Lob)**
„Wie haben Sie es trotz der schwierigen Umstände schaffen können, ihre Aufgaben bis jetzt so gut zu bewältigen?"
Verschlimmerungsfragen **(Klarheit finden über die eigenen Handlungsmuster/ Verantwortungsübernahme)**
„Wenn Sie die Situation noch verschärfen wollen, was müssten Sie tun?"

Abb. 3.4 Ausgewählte Systemische Fragen mit Beispielen

systemischer Coach geht davon aus, dass der Klient im Grunde die Lösung kennt. Durch systemische Interventionstechniken wie spezielle Fragetechniken unterstützt der Coach den Coachee dabei, dieses implizite Wissen explizit und verfügbar zu machen.

3.2.2 Wichtige systemische Interventionen

Bei systemischem Coaching steht das Thema „Fragen" stets im Vordergrund. Obwohl die Fragetechniken eine essentielle Rolle spielen, sind sie bei weitem nicht das einzige Tool. Im Folgenden wird ein weiteres Instrument des systemischen Coachings exemplarisch dargestellt.

3.2.2.1 Systemische Fragentechnik

Systemische Fragen sollen in gewisser Weise „ver – stören", um festgefahrene Sichtweisen und Wirklichkeitskonstruktionen zu verändern und somit die subjektive Sicht durch neue Perspektive zu erweitern. In Abb. 3.4 sind wesentliche Fragentypen und deren Definitionen aufgelistet.

3.2.2.2 Systemvisualisierung

Mit der Systemzeichnung visualisiert der Coachee das System, in dem er sich bewegt. Dadurch wird zum einen die Grundannahme des Systemikers, dass Erleben und Verhalten in einem Kontext stattfindet, vermittelt. Zum anderen werden durch die Visualisierung die Abhängigkeiten, Wechselwirkungen und Konfliktkonstellationen oft erst sichtbar und damit bearbeitbar. Der Coachee identifiziert die für das Problem wichtigen Personen (Stakeholder), definiert seine eigene Position im System und auch das Beziehungsgeflecht. Coach und Coachee betrachten das System nun aus verschiedenen Perspektiven und leiten Handlungsoptionen ab (z. B. „Was wäre zu tun, um die Beziehung zu xy zu stärken?" „Wie würde sich eine mögliche Handlungsoption auf die Beziehung zu x, y, und z auswirken?")

3.2.3 Weiterentwicklung des systemischen Ansatzes im Coaching

Im klassischen systemischen Verständnis spielt die Person mit ihren Eigenheiten und ihrer Persönlichkeit keine Rolle (Epe, Fischer-Epe und Reissman 2011). „Problematisches" Verhalten wird im systemischen Denken nicht durch Eigenschaften von Personen, sondern konsequent als Ergebnis von Kommunikation und Interaktion erklärt. Das greift vielfach zu kurz, denn Menschen verfügen über bestimmte, für sie typische Verhaltens- und Reaktionsmuster. Diesen liegen Einstellungen, Glaubenssätze, Wertvorstellungen u. a. zugrunde, die die Person charakterisieren. Viele Coachees sind sehr offen und interessiert daran, sich, ihr Verhalten und ihre handlungsleitenden Einstellungen grundsätzlicher zu reflektieren. Somit ist diese Persönlichkeitsentwicklung ein wichtiges und lohnendes Coachingziel. Dem psychologisch ausgebildeten Coach stehen hierfür eine Fülle von methodischen Ansätzen und Tools zur Verfügung (vgl. Schmid, 2009).

Unternehmenspraxis und praxisrelevante Coachingforschung 4

4.1 Unternehmenspraxis

Der folgende Abschnitt zur Coachingpraxis in Unternehmen stützt sich in weiten Teilen auf die sogenannte „3. Marburger Coachingstudie" (Stephan und Gross 2013). Nach 2009 und 2011 wurden in dieser Coaching-Marktanalyse zum dritten Mal Strukturdaten über den deutschsprachigen Coaching-Markt erhoben. Die Ergebnisse liefern einen umfassenden und aktuellen Einblick in die deutsche „Coachingszene". Es handelt sich hierbei um eine quantitativ angelegte Online-Befragung, die im Zeitraum Februar 2013 bis Mai 2013 durchgeführt wurde und an der 971 Coachs und 133 Unternehmen teilnahmen.

4.1.1 Anlässe und Zielsetzungen von Coaching

In der Marburger Coachingstudie wurden sowohl Coaches als auch Kunden zu Coachinganlässen befragt (s. Abb. 4.1; Stephan und Gross 2013, S. 31). Es fällt auf, dass die häufigsten Coaching-Anlässe den vielfach in der Literatur beschriebenen Bezug zur Reflexionsarbeit bestätigen. Der häufigste Anlass für Coaching scheint nach Meinung der befragten Coaches und Kunden in der Reflexion über das eigene Führungsverhalten zu bestehen. Dicht gefolgt wird dieser Anlass von der kritischen Reflexion über das Problemlöseverhalten des Coachees. An dritter Stelle folgt „Konfliktmanagement/Konfliktbearbeitung". Aus den aufgeführten Anlässen wird deutlich, dass Coaching einerseits sehr gezielt zur individuellen Personalentwicklung eingesetzt werden kann, andererseits auch geeignet ist, bei der Lösung aktueller Konflikte zu unterstützen.

Insbesondere aus Sicht der Coachs ist das Thema „Work-Life- Balance" ebenfalls ein zentraler Coachinganlass, eine Auswertung der Zielvereinbarungen mit eigenen Coachees weist ebenfalls darauf hin: fast jedes dritte Coaching der Jahre

K. von Schumann, *Coaching im Aufwind*, essentials,
DOI 10.1007/978-3-658-04490-9_4, © Springer Fachmedien Wiesbaden 2014

Coaching-Anlässe

n=720 (Coachs rot); n=65 (Kunden grün)	sehr oft		oft		gelegentlich		selten		nie	
Reflexion über das eigene Führungsverhalten z.B. Defizite, externes Feedback	35,1%	35,4%	38,6%	38,5%	18,8%	18,5%	4,7%	3,1%	2,7%	4,6%
Kritische Reflexion über Problemlösungsverhalten des Coachee	22,4%	20,0%	37,0%	41,7%	27,5%	21,7%	7,4%	11,7%	5,8%	5,0%
Konfliktmanagement/Konfliktbearbeitung/Mobbing	18,9%	13,8%	32,0%	18,5%	31,7%	40,0%	13,6%	16,9%	3,8%	10,8%
Leistungs-/Motivations-/Kreativitätsblockaden auflösen	11,8%	8,2%	28,4%	26,2%	36,6%	31,1%	15,2%	23,0%	8,0%	11,5%
Reibungsverlustreduktion in Top-Down-Kommunikation	8,0%	5,1%	24,4%	16,9%	31,3%	39,0%	21,0%	23,7%	15,4%	15,3%
Optimierung des Projektmanagement	5,2%	6,9%	12,3%	8,6%	24,5%	25,9%	25,8%	44,8%	32,2%	13,8%
Work-Life-Balance	17,2%	8,2%	26,2%	9,8%	33,8%	34,4%	13,5%	29,5%	9,2%	18,0%
Coaching mit Ratschlag (Coach als Ideengeber)	8,6%	5,2%	23,0%	10,3%	28,8%	27,6%	22,2%	37,9%	17,4%	19,0%
Hilfe bei Entscheidungsfindung	14,4%	8,6%	37,8%	13,8%	33,3%	39,7%	9,9%	19,0%	4,5%	19,0%
Einarbeiten neuer Führungskräfte/Job-Einführung/New-Placement/Rollenentwicklung	10,8%	3,3%	24,1%	24,2%	30,5%	26,7%	18,1%	17,1%	16,4%	31,7%
Gesprächsverhalten in Mitarbeitergesprächen	12,5%	11,9%	30,6%	25,4%	29,6%	33,9%	16,1%	10,2%	11,3%	18,6%
Reduktion von Komplexität/Overload	6,0%	0,0%	18,1%	19,3%	26,0%	33,3%	24,5%	31,6%	25,3%	15,8%
Burn-Out Prävention und Nachsorge	11,9%	8,3%	16,4%	8,3%	26,9%	33,3%	21,5%	28,3%	23,2%	21,7%
Outplacement/Vorbereitung auf Jobwechsel/Rente	3,6%	5,0%	8,9%	10,0%	19,0%	30,0%	23,6%	16,7%	44,9%	38,3%
Expertisenausgleich durch unabhängige externe Sicht	2,7%	3,5%	10,7%	10,5%	19,8%	17,5%	21,5%	29,8%	45,3%	38,6%
Vorbereitung auf Auslandseinsatz	1,3%	1,7%	2,9%	1,7%	7,3%	19,0%	14,2%	20,7%	74,2%	56,9%
Betreuung während eines Auslandseinsatzes	1,2%	0,0%	2,9%	0,0%	5,4%	15,8%	9,1%	19,3%	81,4%	64,9%
Paradigemenwechsel/Positionswechsel/Orientierung/Change	15,1%	24,1%	28,2%	27,6%	32,7%	20,7%	13,6%	19,0%	10,3%	8,6%
Aktivierung ungenutzter Ressourcen des Coachees	12,4%	15,5%	29,7%	24,1%	32,1%	19,0%	14,2%	22,4%	11,6%	19,0%
Arbeit am persönlichen Auftreten	14,2%	13,8%	30,6%	27,6%	30,4%	36,2%	17,0%	15,5%	7,8%	6,9%
Karriere-Coaching	15,5%	6,8%	24,9%	13,6%	29,8%	37,3%	17,5%	18,6%	12,4%	23,7%
Stärken-Schwächen-Analyse des Coachee	15,7%	11,7%	29,4%	23,3%	30,2%	35,0%	17,2%	18,3%	7,6%	11,7%
Standortbestimmung/Zielklärung/Bilanzierung	17,8%	16,0%	36,5%	36,0%	27,9%	32,0%	9,8%	0,0%	8,0%	16,0%
Visionen entwickeln	15,0%	6,7%	30,2%	13,3%	29,4%	26,7%	16,7%	38,3%	8,7%	15,0%
Reflexion über Strategieentwicklung	8,7%	5,1%	21,2%	16,9%	32,9%	25,4%	22,6%	35,6%	14,7%	16,9%
Unterstützung von Innovationsprozessen	5,9%	3,4%	19,2%	8,6%	23,3%	24,1%	26,3%	32,8%	25,3%	31,0%
Begleitung einer Existenzgründung	6,5%	7,3%	9,1%	0,0%	19,2%	1,8%	23,9%	12,7%	41,3%	78,2%

Abb. 4.1 Gründe für ein externes Coaching

2010 und 2011 beinhaltete die Coachingziele Verbesserung von Selbstmanagement und Work-Life Balance (vgl. Kap. 5).

4.1.2 Coachingpool externer Coaches

Laut der 3. Marburger Coachingstudie besitzen 53 % der befragten Unternehmen, die das Instrument Coaching einsetzen, einen Pool an externen Coaches (s. Abb. 4.2; Stephan und Gross 2013, S. 31). Bei Unternehmen, die Coaching regelmäßig und intensiv als Instrument nutzen und über einen standardisierten Coachingprozess verfügen, dürfte diese Zahl sogar noch wesentlich höher liegen. Bei kleinen und mittelständischen Unternehmen, die keine hohen und regelmäßig auftretenden Coachingbedarfe haben, zeichnet sich in den letzten Jahren offenbar ein Trend ab, Kooperationen mit anderen Unternehmen im Bereich Personalentwicklung einzugehen und gemeinschaftliche Coaching-Pools zu etablieren. Die externen Coaches werden meist via Interviews oder Kennenlerngesprächen ausgewählt. Bei Coachingbedarf wird dann auf einen Coach aus dem erstellten Pool zurückgegriffen. Die in der Marburger Studie erhobenen Kriterien zur Aufnahme in einen Coachingpool sind in 4.2. aufgelistet. Das wichtigste Kriterium scheinen Referenzen/positive Erfahrung mit dem Coach durch Dritte zu sein, als ebenfalls bedeutsam erweist sich die Coaching-Erfahrung in Jahren. Bemerkenswert ist, dass das ethische Selbstverständnis des Coachs den Kunden ebenso wichtig zu sein scheint wie Schwerpunktkompetenzen und Ausbildung. Die Zertifizierung durch einen Verband spielt dagegen nur eine untergeordnete Rolle. Vermutlich aufgrund der Zersplitterung der Verbandlandschaft und einer zum Teil sehr deutlich erkennbaren Verfolgung von Verbandsinteressen ist die Zertifizierung offenbar aus Kundensicht kein relevantes Qualitätskriterium.

4.1.3 Budget und künftige Entwicklung

Was bedeutet nun der vielzitierte „Boom" der Coachingszene in Zahlen, Daten und Fakten? Laut 3. Marburger Coachingstudie betrug der Umsatz im deutschen Coaching-Markt im Jahr 2012, nach konservativen Berechnungen, etwa 450 Mio. €. Der prozentuale Anteil des Personalentwicklungsbudgets, der für Coaching-Maßnahmen investiert wird, liegt bei drei Viertel der Kunden bei 0–10 %. Höhere Anteile werden zumeist bei kleineren Unternehmen investiert, deren PE-Budget ohnehin nicht sehr üppig ausgestattet ist. In Anbetracht der Vielfalt von PE-Maßnahmen ist dieser Anteil zwar durchaus respektabel, könnte künftig allerdings noch deutlich

Auswahlkriterien zur Aufnahme in den Coaching-Pool				
n=67	sehr wichtig	wichtig	weniger wichtig	unwichtig
Referenzen/positive Erfahrungen mit dem Coach durch Dritte	62,7%	31,3%	4,5%	1,5%
Schwerpunktkompetenzen des Coachs	50,7%	43,3%	6,0%	0,0%
Ausbildung des Coachs	50,0%	44,1%	5,9%	0,0%
Verbandszertifizierung	14,1%	35,9%	29,7%	20,3%
Branchenerfahrung	20,9%	53,7%	22,4%	3,0%
Kosten/Preis	13,6%	63,6%	21,2%	1,5%
Ethisches Selbstverständnis des Coachs	49,3%	44,8%	4,5%	1,5%
Berufserfahrung als Coach	55,2%	41,8%	1,5%	1,5%
Führungserfahrung	29,9%	47,8%	19,4%	3,0%
Regionale Nähe	16,7%	45,5%	27,3%	10,6%

Abb. 4.2 Kriterien für die Aufnahme in einen Coachingpool

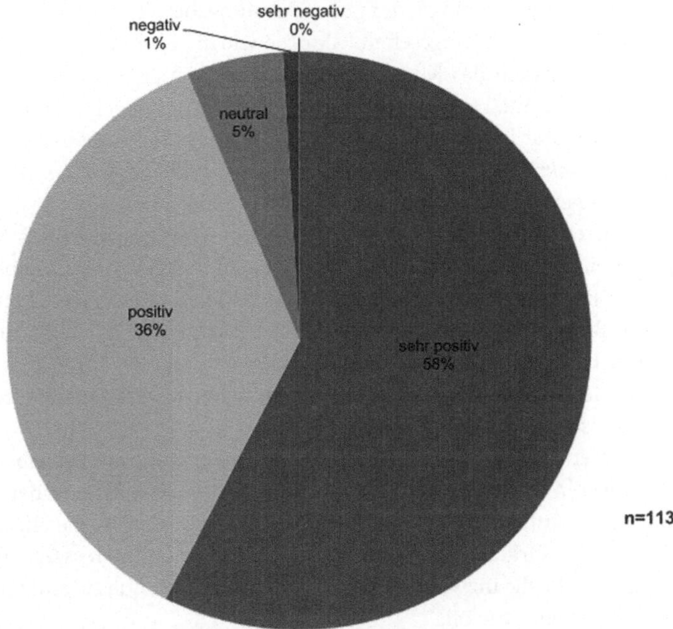

Abb. 4.3 Einstellung zum Coaching

steigen. 2013 bewerteten 58 % der Kunden ihre Einstellung zu Coaching als sehr positiv (s. Abb. 4.3; Stephan und Gross 2013, S. 26), während 2011 (2. Marburger Studie) sich lediglich 21 % der befragten Kunden sehr positiv auf diese Frage geäußert hatten. Sollte dieser enorme Zuwachs tatsächliche Markttendenzen signalisieren, spräche dies für eine sehr positive künftige Entwicklung.

4.2 Praxisrelevante Coachingforschung

Empirische Studien im deutschsprachigen Raum (z. B. Böning und Fritschle 2005; Stephan et. al. 2010) weisen darauf hin, dass Coaching als sehr wirksame Personalentwicklungsmaßnahme eingeschätzt wird. Des Weiteren gibt es Erkenntnisse über Wirkfaktoren im Coaching, die inzwischen als gesichert gelten können: bereits durch mehrere empirische Studien abgesichert und damit offenbar klar belegt, ist die zentrale Bedeutung der Beziehung zwischen Coach und Coachee für den

Erfolg von Coaching (vgl. Jansen et al. 2004). Die Zufriedenheits- und Erfolgseinschätzung hängt vor allem von der guten Beratungsbeziehung ab. Gleichzeitig weisen allgemein als zentral angesehen Faktoren wie die Einbindung des Vorgesetzten oder die Freiwilligkeit des Klienten keinen signifikanten Zusammenhang zur Erfolgseinschätzung auf. Die Auswertung der deutschsprachigen und internationalen Forschungsliteratur brachte das klare Ergebnis, dass die Prozessmerkmale *Zielspezifität und -konkretisierung*, *Zielbindung* und *regelmäßige Zielkontrolle* signifikant zum Coachingerfolg beitragen (von Schumann 2008).

Einen ersten Ansatz zur Erfolgskontrolle von Coaching auf Basis einer Return on Investment Berechnung im deutschsprachigen Raum liefern Phillips und Schirner (2008): sie zeigten am Beispiel einer international tätigen Hotelkette, dass eine finanzielle Bewertung des Coachingnutzens prinzipiell möglich ist, und ermittelten in ihrer Fallstudie einen Kosten-Nutzen-Beziehung von 321 % Plus; denn jeder Euro, den die Hotelkette in die Coaching-Maßnahme investiert hat, resultierte in einer Nutzensteigerung von 3,21 €.

Mehr Untersuchungen über die Effizienz von Coaching aus betriebswirtschaftlicher Sicht wären wünschenswert und – zumindest bei Großkonzernen – sicherlich auch machbar. Aufgrund der Individualität des Coachings ist die allgemeingültige Extraktion von Wirkfaktoren nicht trivial, jedoch hoch interessant. Insbesondere Metaanalysen, die die inzwischen zahlreichen Einzelbefunde zusammenfassen, wären ausgesprochen sinnvoll.

Ausblick 5

Coaching – weiterhin im Aufwind? Die überwiegende Anzahl der Experten scheint dieser Meinung zu sein (vgl. Kap. 4.3). Ein gegenläufiger Trend ist jedenfalls nicht in Sicht. Während in der letzten Finanzkrise Trainings- und Weiterbildungsangebote extrem zurückgefahren wurden, blieb der Coachingmarkt von Sparmaßnahmen relativ verschont. Darf man also davon ausgehen, dass dies auch bei nächsten Krisen so sein wird? Dass eine neue Krise kommen wird ist sicher – wie es sich dann mit dem Coaching verhalten wird kann jedoch niemand mit Sicherheit sagen. Abgesehen von quantitativen Überlegungen sind zudem einige inhaltliche Entwicklungen und Trends festzustellen, die im Folgenden kurz angerissen werden.

5.1 Zunehmende Professionalisierung von „Einzelkämpfern"

Trotz Zersplitterung der Coachingszene, am besten sichtbar an den vielen Coaching-Verbänden und der unüberschaubaren Vielzahl von Ausbildungsanbietern ist eine zunehmende Professionalisierung des Coachings nicht von der Hand zu weisen (vgl. Loos, 2011b): Wie Loos in seinem überaus lesenwerten Artikel *Pioniere, Nebenbei-Coaches und Kunsthandwerker: Die heterogene Coachingszene* darlegt, herrschte beispielsweise bis vor kurzem die Meinung, dass man von Coaching nicht leben kann. Mittlerweile gibt es einige Coaches, die ausschließlich von ihrer Coachingpraxis leben. Allerdings ist im deutschsprachigen Raum keine Entwicklung hin zu organisationalen Zusammenschlüssen von Coaches in größeren Coachingunternehmen zu verzeichnen. Der typische Coach ist selbstständig und freiberuflich tätig. Loos interpretiert dies sicherlich nicht zu Unrecht als Hinweis darauf, dass Coaches sich als Individualisten verstehen.

K. von Schumann, *Coaching im Aufwind*, essentials,
DOI 10.1007/978-3-658-04490-9_5, © Springer Fachmedien Wiesbaden 2014

5.2 Potentialorientiertes Coaching im Rahmen einer positiven Coachingkultur

Eine positive Coachingkultur, die sich vor 10 Jahren noch weitgehend auf den angelsächsischen Raum begrenzte, ist heute auch in deutschen Unternehmen verbreitet. Ein wichtiger Baustein ist hierbei die Verzahnung von Coaching mit Nachwuchsführungsprogrammen und Potentialanalyseverfahren. So ist es in vielen Unternehmen Usus, die beim Assessment oder Audit entdeckten Entwicklungsfelder mit Coachingmaßnahmen zu bearbeiten. Gezielt in die Potentialträger zu investieren und diese bei ihren komplexen Aufgaben zu unterstützen ist ein Trend, für den momentan keine Umkehrung in Sicht ist.

5.3 Virtuelles Coaching

Neue Medien ermöglichen es, dass sich Coach und Klient nicht persönlich, sondern auch virtuell mittels Skype oder PC-Dokumenten austauschen und miteinander arbeiten können (vgl. Geißler, 2011). Diese Entwicklung ist aus dem Trainingsbereich bereits bekannt. Hier hat sich aus einer anfänglichen Euphorie für das E-Learning und einem starren „Entweder – Oder" die Form des Blended Learnings entwickelt. Präsenzphasen und virtuelle Lerneinheiten werden themen- und anlassbezogen kombiniert. Eine entsprechende Kombination, die im Coaching künftig weiter wachsen könnte, ist das virtuelle Transfercoaching: Wenn beispielsweise aufgrund räumlicher Entfernung ein Treffen von Coach und Coachee nur unregelmäßig und/oder in lange Abständen möglich ist, ist ein Coaching via Telefon oder Videokommunikation eine empfehlenswerte Methode, um die Beziehung dennoch zu stabilisieren. Auch die Unterstützung des Transfers durch Online-Verfahren, um im Coaching erarbeitete Lösungsansätze im Führungsalltag besser umsetzen zu können, ist ein vielversprechender Ansatz (vgl. Müller & Müller, 2011). Die Ergebnisse der 3. Marburger Coachingstudie (Stephan & Gross, 2013) zeigen, dass sowohl aus Unternehmens-/Kundensicht als auch für Coachs das Telefon-Coaching mit der höchsten Nutzungsintensität markiert wird.

5.4 Expatriate Coaching

Die Entsendung von Führungskräften ins Ausland ist ein unverzichtbarer Bestandteil global ausgerichteter Unternehmen. Allerdings wird durchschnittlich ein Drittel dieser Auslandsentsendungen von Managern vorzeitig beendet. Coaching ist für die Unterstützung von Expatriates besonders geeignet, da es mit seinem personen- und situationsspezifischen Ansatz die aktuelle Lage des Expatriates weit besser berücksichtigen kann als herkömmliche Trainingsmaßnahmen (vgl. von Schumann & Spörrle, 2011). Es unterstützt auslandsentsandte Manager nicht nur in der Vorbereitungsphase, sondern auch und gerade während des Auslandsaufenthalts. Zudem ist die Rückkehr und Reintegration eine weitere sensible Phase der Auslandsentsendung: Studien aus dem amerikanischen Kulturraum gehen davon aus, dass 30 % aller Expatriates innerhalb eines Jahres nach ihrer Rückkehr kündigen. Im Repatriate Coaching kann der heimkehrende Expatriate gezielt unterstützt und damit auch an das Unternehmen gebunden werden.

Literatur

Epe, C., Fischer-Epe, M., Reissman, M. (2011). *Was bedeutet „systemisch" im Coaching?* 03/2011, S. 34–39. Wirtschaft + Weiterbildung.

Fischer-Epe, M. (2003). *Coaching: Miteinander Ziele erreichen*. Hamburg: Rowohlt Taschenbuch Verlag GmbH.

Goldstein, C., & von Schumann, K. (2009). Arbeitsfähig durch gute Chefs. *Personal,* 04/2009, S. 32–34.

Goldstein, C., & von Schumann, K. (2010). Stress durch die Krise: Eine Analyse der Veränderung im Coaching. *Wirtschaftspsychologie aktuell,* Heft 2/2010, 36–37.

Jansen, A., Mäthner, E., Bachmann, T. (2004). *Erfolgreiches Coaching*. Kröning: Asanger Verlag.

Loos, W. (1991). *Coaching für Manager - Problembewältigung unter vier Augen*. Landsberg: Moderne Industrie.

Loos, W. (2011a). Pioniere, Nebenbei-Coachs und Kunsthandwerker: Die heterogene Coaching-Szene. *Wirtschaftspsychologie aktuell,* Heft 3/2011, 21–24.

Loos, W. (2011b). Coaching und Changemanagment. *Vortrag im Rahmen der Business Psychology Lounge der Fachhochschule für Angewandtes Management*. Erding.

Rauen, C. (1999). *Coaching – Innovative Konzepte im Vergleich*. Göttingen: Verlag für Angewandte Psychologie.

Rauen C. (2002). *Handbuch Coaching*. Göttingen: Hogrefe.

Schmid, B., & Weidner, I. (2009). *Systemisches Coaching*. Bergisch Gladbach: EHP – Verlag Andreas Kohlhage.

Schwittala, J., von Schumann, K., & Thiel, T. (2010). Coaching für die Besten. *Personal,* Heft 1/2010, S. 40–42.

Stephan, M., Gross, P.-P., Hildebrandt, N. (2010). Management von Coaching. *Organisation und Marketing innovativer Personalentwicklungsdienstleistung*. Stuttgart: W. Kohlhammer.

Stephan, M., Gross, P.-P. (2013). Coaching-Marktanalyse 2013. Ergebnisse der 3. Marburger Coachingstudie 2013. Bisher unveröffentlichtes Manuskript des deutschen Bundesverband Coaching e. V. und der Phillips-Universität Marburg.

Von Schumann, K., Steininger, T. (2005). Wann ist Coaching erfolgreich? *managerSeminare,* Heft 90, Sept. 2005, S. 4–7.

Von Schumann, K. (2008). Praxisrelevante Ergebnisse aus der Forschung Qualitätssicherung im Coaching. *managerSeminare: CoachGuide 2008,* S. 18–23.

K. von Schumann, *Coaching im Aufwind,* essentials,
DOI 10.1007/978-3-658-04490-9,

Von Schumann, K. (2010). Freiwilligkeit ist keine Voraussetzung für den Coaching-Erfolg. *managerSeminare,* 6/2011, S. 24–29.

Von Schumann, K., & Spörrle, M. (2011). Mit dem Coachee auf Weltreise: Professionelle Begleitung von Führungskräften. *Wirtschaftspsychologie aktuell,* Heft 3/2011, 53–55.

Von Schumann, K. (2011a). Dritte Dimension im Coaching durch verbales und individualisiertes 360-Grad-Feedback. *Coaching Magazin,* 3/2011, 29–33.

Von Schumann, K. (2011b). Burnout-Coaching: Ressourcen reaktivieren. *managerSeminare,* Heft 159, S. 24–29 Juni 2011.

Wahren, H.-K. (2002). Präventive Interventionen vor einem Coaching. In C. Rauen (Hrsg.), *Handbuch Coaching* (2. überarbeitete und erweiterte Aufl.) S. 95–109. Göttingen: Hogrefe.